글짓기는 가나다

일기

글짓기는 가나다

일기

한국소설대학 엮음

자유지성사

이 책을 내면서

　어린이들은 참으로 많은 것을 보고 겪으며 자랍니다. 예쁜 꽃, 귀여운 동물, 싱그러운 바람, 맑은 햇살, 그리고 부모님과 가족들의 따뜻한 사랑, 아름다운 이야기…….
　친구들과의 놀이, 장난감, 그림 그리기, 책 읽기, 어린이들에게 필요한 것은 참으로 많습니다.
　그 중에서도 충분한 영양분은 어린이들의 몸을 자라게 해 주고 좋은 글 한 편은 정신을 살찌게 해 줍니다. 거기에 좋은 글을 쓸 수 있는 기회가 보태진다면 더더욱 몸과 마음이 튼튼한 어린이로 자랄 것입니다.

　일기를 쓰면서 하루를 반성하고, 동시와 동화를 쓰면서 많은 상상의 세계를 펼치고, 생활문을 쓰면서 사랑을 배우고, 논설문·설명문·독후감을 쓰면서는 논리적이고 체계적인 사고력을 키우게 됩니다.

　좋은 생각이 담긴 글을 많이 읽고, 좋은 생각을 많이 해 보며, 좋은 생각을 글로 표현해 보는 것, 어린이들에게 그것만큼 소중한 것은 다시 없을 것입니다.

1999년 4월 25일
한국소설대학 학장　윤 후 명

차 례

《글짓기는 가나다 — 일기》

1. 일기란 어떤 글일까요? • 9

2. 일기는 어떻게 써야 할까요? • 13

3. 일기를 쓸 때 주의할 점은 무엇일까요? • 55

4. 일기의 종류 • 63
   그림 일기/학습 일기/관찰 일기/생활 일기/
   감상 일기/동시 일기/기행문 일기/편지 일기/
   기타

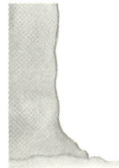

1 일기란 어떤 글일까요?

　일기는 하루하루 겪었던 일이나 보고 들은 일, 생각하고 느꼈던 일을 글로 적는 것입니다. 즉 하루의 일과 중에서 했던 일, 본 일 등을 느낌이나 생각에 덧붙여 거짓 없이 기록하는 글이죠.
　일기는 개인에게는 생활의 기록이지만 국가적으로 볼 때는 역사의 기록이 되기도 합니다. 비록 한 개인의 성장 과정을 기록하는 것이지만, 다음 시대 사람들에게는 역사 연구에 큰 자료가 될 수도 있는 것입니다.

만약 이순신 장군이 임진왜란을 겪으면서 《난중일기》를 남기지 않았다면 우리는 그 때의 일을 자세히 알 수 없었을 것입니다. 또한 조선 시대 실학자인 연암 박지원이 청나라를 여행하면서 적은 《열하일기》는 우리 나라 역사에 큰 보물로 남아 있습니다.

이순신 장군, 박지원 선생님은 개인의 일을 적은 것에 불과했지만 지금에 와서는 역사 연구에 큰 자료가 되고 있는 것입니다. 우리는 그 분들의 일기를 통해서 한 개인의 삶뿐 아니라 한 시대의 모습까지 관찰할 수 있습니다.

사람의 기억력에는 한계가 있습니다. 아무리 기억력이 좋은 사람이라고 해도 언젠가는 잊어버리게 마련입니다. 하지만 그 날의 일을 자세하게 기록해 둔다면 먼 훗날까지 잊지 않고 기억할 수 있죠. 여러분의 일기도 여러분 개인의 역사이자 한 시대의 역사적 자료로 남을 수 있습니다.

일기를 쓰면 좋은 점이 많이 있습니다. 그 좋은 점이란 다음과 같습니다.

첫째, 생각이 깊어집니다.

일기를 쓰다 보면 그 날 하루를 꼼꼼하게 생각하게 됩니다. 아침에 늦잠을 잤다가 지각한 일, 엄마 말씀을 안 들었다가 혼난 일, 어려운 사람을 도와 주고 흐뭇해 했던 일 등 하루 동안의 일을 되새겨 보면서 생각이 깊어지게 됩니다.

둘째, 관찰하는 힘을 길러 주고 비판력을 키워 줍니다.
 하루하루 일기를 쓰는 버릇이 생기면 조그만 일이라도 예사롭게 생각하고 그냥 넘기지 않게 됩니다. 사소한 일도 관찰하고 싶어지고 생각하게 됩니다.
 그뿐 아니라 옳고 그름을 판단할 수 있는 능력이 생깁니다. 그런 비판력은 공부에도 많은 도움이 됩니다.

셋째, 세상을 긍정적으로 볼 줄 아는 안목이 길러집니다.
 차분하게 일기를 적다 보면 아무리 미운 친구라도 용서하게 되고 사랑하는 마음이 싹트게 되는 거죠.
 "친구가 먼저 나를 때렸으니까 절대 용서할 수 없어."
 이렇게 생각하고 일기를 쓰기 시작했어도 쓰다 보면 친구가 왜 그렇게 화를 냈을까, 곰곰이 생각하게 됩니다. 그리고 자신의 잘못도 깨닫게 되죠.
 이런 반성은 자신의 마음을 곱게 가꿔 줄 뿐 아니라 남을 사랑하는 마음도 길러 줍니다.

넷째, 글 쓰는 힘이 길러집니다.

날마다 쓰는 일기는 한 편의 생활문을 쓰는 것과 같습니다. 일기를 쓰자면 오늘 무슨 일이 있었으니까 이렇게 쓰면 되겠다는 요령이 생깁니다. 글감, 표현하고자 하는 주제를 고르고 문장 표현 방법을 익히다 보면 자신도 모르게 어느새 글 쓰는 데 자신감이 생기게 됩니다.

또한 일기는 동시, 독후감, 생활문, 기행문 등 여러 방식으로 쓸 수 있기 때문에 표현력을 더욱 풍부하게 합니다. 글짓기 실력이 자동적으로 길러지는 것은 당연하죠.

2 일기는 어떻게 써야 할까요?

첫째, 날짜와 날씨 쓰기

　날짜와 날씨는 그 날 일기의 생명입니다. 만약 날짜와 날씨가 빠졌다면 나중에 다시 보았을 때 언제 쓴 것인지 정확하게 알 수가 없습니다.

　또한 일기는 자기 자신의 일상 생활과 경험을 기록한다는 점에서 한 편의 생활문이라고 할 수도 있습니다. 다만 일기가 생활문과 다른 점은, 그 날 하루의 일을 적고 날짜와 날씨를 적는다는 사실 때문입니다.

　함께 예문을 보도록 해요.

예문

소나기

4월 22일 목요일, 흐렸다가 소나기
5학년 김호정

오랜 만에 소나기가 내렸다. 저녁부터 내렸는데 도무지 그칠 것 같지가 않았다.

아이고…… 내일 등교길이 쑥대밭이겠구만.

걱정이었다.

소나기에다 천둥 번개까지 덩달아 소란을 피워 댔다. 밤에 멋진 음악회가 열린 듯 비와 천둥 번개는 계속 소리를 멈추지 않았다.

어머니께서는 컴퓨터를 끄라고 하셨다. 벼락 맞을까봐 걱정이 되셨던 모양이다. 얼른 전원을 차단시켰다. 그리고 몇 개의 촛불을 집 안 곳곳에 켜 두었다. 촛불 앞에서 일을 하려니까 이상하게도 마음이 차분해지는 것 같았다.

그런데도 30만원짜리 무선 전화기가 기어코 벼락을 맞아 쓰지 못하게 되었다.

내일 아침에 눈을 뜨면 하늘은 어떤 표정을 짓고 나를 쳐다볼까.

예문

얄미운 소나기

6월 29일 토요일, 소나기
3학년 김정화

아침부터 소나기가 주룩주룩 억수같이 쏟아졌다. 할머니가 오시기로 한 날인데 이렇게 쏟아지다니……. 할머니가 못 오시면 어떡하지?

너무 궁금해서 부천 외할머니 댁에 전화해 보았다.

따르릉 따르릉 신호가 울리자 할머니께서 전화를 받으셨다.

"여보세요?"

"할머니, 정화예요."

"그래, 정화구나. 어쩐 일이냐?"

"할머니, 오늘 비가 와서 못 오시죠?"

"그래, 오늘 가려고 했는데 못 가겠구나. 내일도 갈 수 있을지 모르겠다."

인사를 하고 전화를 끊었다. 할머니께서 맛있는 것도 많이 갖고 오실 텐데…….

'소나기! 너 때문이야! 너 때문에 할머니께서 못 오시잖아!'

예문

무더운 날

10월 8일 수요일, 맑음
3학년 오현민

연을 날리며 놀기로 했는데 날씨가 더웠다. 공원으로 나가 연을 날렸다.

하지만 바람이 별로 불지 않아서 연이 잘 날지 않았다.

"수영장에 가자."

애들이 말했다. 그래서 얼른 집으로 돌아와 엄마한테 말씀드렸지만 허락하지 않으셨다.

"너무 더운 날 수영하면 안 돼. 다음에 가거라."

아무리 졸라도 소용이 없었다.

너무 더웠다. 아이스크림이라도 먹으면 살 것 같았다.

"사나이가 좀 덥다고 그것도 못 참으면 어떻게 해?"

엄마는 아이스크림도 안 된다고 하셨다. 물이라도 끼얹었으면 좋겠다.

"아휴, 더워라."

이런 소리가 저절로 나왔다. 하지만 나는 사나이다. 엄마 말씀처럼 더위 정도도 못 참는다면 사나이라고 할 수 없을 것이다. 나는 더위를 참기 위하여 무서운 이야기를 생각해 냈다.

하지만 참을성이 없어서인지 무서운 것도 못 참았다.

"태권도를 배울까? 그러면 무서운 것도 없어질 텐데."

동생에게 말해 보았다.

힘을 키워서 나쁜 사람들을 물리치는 생각도 해 보았다.

그렇게 엉뚱한 생각만 하다가 하루를 보냈다. 너무 더워

> 서 아무것도 할 수 없었지만 날씨 덕분에 많은 생각도 해 본 날이었다.

둘째, 가장 인상에 남는 일 쓰기

 어린이들의 생활은 언뜻 보기에 그 날이 그 날 같습니다. 아침에 일어나서 학교에 가고, 공부를 한 뒤 집으로 돌아와 학원을 다녀오고, 텔레비전을 보는 식으로 말입니다.
 하지만 자세히 관찰해 보면 색다른 일이 참으로 많습니다.
 개미를 관찰했거나 친구들이 싸우는 광경을 보았거나 좋은 책을 한 권 읽었을 수도 있습니다. 아니면 텔레비전에서 재미있는 만화 영화를 보았을 수도 있습니다.
 이런 많은 내용들을 일기에 다 쓸 수는 없습니다.
 만일 그렇게 되면 내용이 간단해지고 깊이가 없을 뿐만 아니라 줄거리도 매우 혼란스러워질 테니까요.
 하루 동안 일어난 모든 일 중에서 인상에 남았던 장면만을 골라 일기장에 담으면 간단하겠죠.

다음 예문을 살펴볼까요?

예 문

핫도그

3월 15일 월요일, 맑음
4학년 차순석

오늘 급식은 핫도그가 있는 날. 기대에 가득 차서 학교로 갔다. 드디어 즐거운 점심 시간.

근데 이게 뭔 일이라냐?

맛있는 핫도그를 기대했는데 케첩을 묻힌 소시지 달랑 한 개라니.

학교 공부를 마치고 곧장 집으로 돌아와서 식단표를 보니 오늘이 핫도그 먹는 날이 분명했다. 처음부터 끝까지 자세하게 읽어 보니 맨 밑에,

'위 식단은 사정상 변경될 수 있습니다.'
라고 적혀 있는 게 아닌가?

'괜히 급식을 한다고 했잖아!'

이런 생각이 들면서 진짜 핫도그가 무척 먹고 싶어졌다.

다음엔 사정이 있더라도 우리가 좋아하는 음식이 있는 날은 식단을 변경하지 않았으면 좋겠다.

예 문

지우개

3월 10일 수요일, 비
5학년 송용현

내 지우개는 원통 모양이다. 또 분홍색이다. 겉은 노란 껍질로 싸여 있다. 그 지우개를 준 사람은 친구 현준이다.

그 지우개는 무척 조그맣다. 그러니까 꼬마 지우개이다. 나는 처음에 그것을 받고서 지우개가 아닌 줄 알았다. 그만큼 작았다. 그래서 꼬마 지우개라고 부르기로 하였다.

꼬마 지우개는 오렌지 향기를 풍긴다. 공부 시간에 공부가 지겨우면 그 꼬마 지우개를 코에 대고 흠흠거리며 냄새를 맡는다.

둘째 시간에 쪽지 시험을 보았다. 그런데 왠지 든든했다. 엉뚱한 생각이긴 하지만 그 꼬마 지우개가 요술을 부려 내 시험지를 백 점으로 만들어 줄 것 같았기 때문이었다.

그런 생각을 하고 시험을 보니까 다른 날보다 훨씬 쉬운 느낌이 들었다.

아직 선생님이 채점을 안 하셔서 백 점인지 아닌지는 모르지만 지금도 기분이 좋았다.

"내 지우개는 요술 지우개야. 오늘 시험도 백 점을 맞게 해 주었거든."

친구들에게 자랑을 했지만 아무도 믿지 않았다. 하지만 괜찮다. 꼬마 지우개가 요술을 부린다는 사실은 나 혼자만 알고 있어도 충분히 기쁜 일이니까……

예문

꿈

4월 12일 금요일, 맑음
3학년 김정화

새벽에 미술 대회에 나가는 꿈을 꾸었다. 다른 사람들은 모두 직접 손으로 그리는데 나만 요술을 부리고 있었다.
"저 앞에 있는 풍경을 그려!"
그렇게 말했더니 연필이 저절로 쓱싹쓱싹 스케치를 하는 것이었다. 또 물통을 보고,
"물통아, 물 떠 와라."
하니까 물통이 저절로 물을 떠오는 것이었다. 이번에는 붓에게 그림을 그려 보라고 하니 그림이 다 그려졌다.
다 바쁜데 나만 놀고 있었다.
내 그림이 완성되었을 때 다른 아이들은 반도 못 그리고 있었다.
입상자를 발표했을 땐 내가 제일 좋은 상을 받았다.

정말 어젯밤 꿈대로 대회 날 그렇게 되면 얼마나 좋을까?

아침에 일어났을 땐 다시 꿈 속으로 들어가고 싶었다.

예문

개의 최후

5월 15일 일요일, 햇볕 쨍쨍
6학년 김호정

십 년 동안 우리 집 앞을 지켜 준 개가 드디어 최후를 맞이하게 되었다.

이 개는 나보다 한 살이나 더 많다. 시흥에서 사 년 자라고 우리 집 대문 앞에서 십 년을 살았다.

이사도 가지 않고, 조그만 개집에서 계속 머물러 살았다.

그런데 이제 즐겁게 뛰놀던 때는 지나고 저 세상으로 가게 된 것이다.

오늘 보니 우람찬 목소리는 어디 가고 숨만 할딱거리고

있었다.

　며칠 전까지만 해도 힘차게 짖으며 집을 지키더니, 죽음을 앞두고 헉헉거리는 모습이 참 불쌍했다.

　그 동안 나누었던 개와의 추억이 생각나서 저절로 눈물이 났다. 너무 가여웠다. 또 그 우람찬 기상을 다시는 보지 못한다는 것이 표현할 수 없을 정도로 슬펐다. 불가능하겠지만 제발 다시 살아났으면, 하고 기도하였다.

　앞으로 이 개를 영영 볼 수 없을 것이다. 그러나 잊지 않을 것이다.

> 그 동안 우리 집을 잘 지켜 주어서 고마웠다. 대문 앞에서 낯선 사람만 보면 으르렁거리느라 수고도 많이 했다.
> 하늘 나라 가서 편히 쉬렴.

셋째, 솔직하게 쓰기

일기는 개인의 생활 기록입니다. 자신에게 불리하고 창피한 내용이나 잘못된 이야기는 쏙 빼놓고 쓴다면 결코 좋은 일기가 될 수 없습니다.

한 나라의 역사를 거짓말로 꾸몄다가는 큰 혼란이 오듯이 개인의 일도 절대 꾸며서는 안 됩니다.

"엄마가 내 일기를 보고 야단치면 어떻게 해요?"

간혹 이런 걱정을 하는 어린이도 있습니다.

하지만 그것은 부모님의 잘못입니다.

개인의 기록인 일기를 엿보는 것도 잘못이지만 어린이 여러분이 어떤 이야기를 썼더라도 그것을 대놓고 야단쳐서는 안 됩니다.

일기는 어린이 여러분의 솔직하고 순수한 생활을 담는 것이므로 애써 거짓으로 꾸밀 필요가 없는 것입니다.

예문

나는 왜 공부가 싫을까?

5월 7일 금요일, 흐림
4학년 권지오

놀고 있는데 엄마가 불렀다.
"문제집 풀어라. 오늘은 밖에 나가면 안 돼."
"조금만 더 놀게요."
"안 된다니까. 시험이 바로 코앞인데 무슨 소리야?"
그렇게 말씀하시고는 문제집 여섯 장을 풀라고 하시는 거였다.
"그렇게 많이요?"
불평했지만 어머니는 대답도 안 하고 나가셨다. 그걸 다 해야 된다고 생각하니까 정말 끔찍했다.

게으름을 피우면서 문제집을 풀었더니 12시가 거의 되었어도 다 풀지 못했다. 엄마는 그만 자라는 말씀도 하지 않으셨다.

할 수 없이 엄마 몰래 답안지를 보고 베꼈다.

왜 난 공부가 이렇게도 하기 싫은 것일까. 옆집에 사는 형은 밤을 새면서까지 공부를 하는데 왜 난 그렇게 못 하는 거지?

"나는 이상하게 공부가 싫어."

저번에 친구들에게 이렇게 말한 적이 있다. 하지만 친구들은 공부가 재밌다고 했다. 아마 그 애들은 노는 것보다 공부가 더 좋은가 보다.

왜 내 머리는 반대일까?

우리 부모님은 참 열심히 사신다. 그러니까 나도 열심히 공부해서 상을 타면 자랑스러워하실 것이다. 그리고 동네에서도 칭찬을 받을 것이다.

이런 생각을 하니 이제부터라도 공부를 해야겠다는 마음이 생겼다. 하지만 뜻대로 되지 않으니 큰 일이다.

예문

선생님을 싫어하는 이유

4월 3일 목요일, 약간 흐림
4학년 김호정

학교에서 숙제 검사 시간에 혼자서 선생님께 데모를 했다.

"숙제를 내줄 때 말로 하지 말고 칠판에 써 주세요. 잘못 들어서 숙제를 못 해 오는 아이가 너무 많아요."

그렇게 데모를 한 까닭이 있었다. 숙제를 안 적어 가서 못 해 온 아이들은 선생님께 무조건 매를 맞아야 하기 때문이다.

난 선생님이 싫다.

선생님을 좋아하는 애들도 있지만 싫어하는 애들도 많다.

선생님은 아이들에게 사랑을 베풀 줄을 모르신다. 화부터 내신다.

선생님을 싫어하는 이유를 일기장에 쓰기로 했다. 숨기지 않기로 했다.

　첫째 : 학습 진도가 늦고, 무슨 일이든 뜻대로 안 되면 화부터 내신다.

　둘째 : 어떤 일이든 수정이에게만 의존하는 경우가 많다. 항상 그 애만 사랑하는 건 이해가 안 된다.

　셋째 : 항상 나에게 힘든 일만 시키고 다른 아이에게는 쉬운 일만 시킨다.

　넷째 : 우리들에게는 예의를 지키라고 하면서 선생님은 너무 함부로 하신다.

다섯째 : 숙제나 준비물을 여러 아이들이 들을 수 있게 말씀을 하지 않으신다. 그리고 숙제를 안 했다고 무조건 때리신다.

물론 선생님께 대든 것은 잘못이지만 아직도 선생님을 원망하고 있다.

예 문

정직한 사람

3월 8일 금요일, 낮에 비
3학년 김정화

동생 정원이가 방에서 그림 그리고 있을 때 부엌에 숨어 과자를 혼자 다 먹었다.

몰래몰래 먹으니까 더 고소했다.

엄마가 부엌으로 가시더니 "누가 과자 부스러기 흘려 놨어?" 하시며 소리를 버럭 지르셨다.

그건 정원이가 잘 하는 짓이었다. 엄마는 확인도 하지 않으시고 정원이만 마구 야단을 치셨다.

"정원이 너, 또 말썽부렸구나!"

"제가 안 그랬어요."

"네가 아니면 누가 그래!"

엄마는 정원이를 계속 야단치셨다.

정원이가 혼나는 모습을 보니 속이 답답하고 편하지 않았다.

'엄마, 제가 그랬어요.'라고 말하고 싶었지만 용기가 나지 않았다.

> 말할까 말까 한참 동안 망설였다.
> 선생님이 언제나 정직해야 된다고 하셨는데……. 결국 나는 용기를 내었다.
> "엄마, 제가 그런 거예요."
> "뭐?"
> 엄마는 놀라는 표정이셨다.
> 엄마가 많이 혼내실 줄 알았는데 오히려 내 등을 토닥토닥해 주시면서 "정직하게 말해 주어 고맙구나." 하셨다.
> 나 때문에 정원이만 괜히 혼나 미안했지만 정직하게 말해서 덜 혼난 사실이 기쁘기도 했다.

넷째, 한 가지 일만 주제로 정하기

 단순하게 지내더라도 하루 일과 중에는 여러 가지 일이 있습니다. 일기는 그 날 여러 사건 중에서 가장 중요하고 기억에 남는 한 가지만 골라서 자세하게 써야 합니다.
 일기에는 굳이 제목을 붙일 필요가 없습니다. 하지만 주

제를 잡기 위해서 제목이 필요합니다. 그것은 한 가지 일만 자세히 쓰는 습관을 길러 주기도 합니다.

예 문

야구

4월 3일 토요일, 하늘 맑고 바람 솔솔
4학년 이광욱

토요일이다. 우리 반과 8반이 야구 시합을 하기로 했다. 양쪽 팀 모두 땡땡한 투수전이 될 것이다.
예상대로 중반이 되어서야 득점이 났다. 8반이 먼저 1점을 낸 것이다.
우리도 질세라 집중적으로 안타를 쳐서 2점을 따냈다.
원래는 3점인데 내가 안타를 치고 2루로 베이스 러닝을 잘못해 아웃이 된 것이다.
9회가 되어 8반이 또 다시 점수를 냈다. 그래서 2 대 2가 되었다.

게임은 연장전으로 들어가야 했다. 연장전에서 우리 팀이 먼저 2점을 추가시켰다.

　　연장 10회 말, 난 우리 팀의 마지막 수비가 되었다. 투 스트라이크까지 잡아 놓고 2루타 안타를 한 개 맞았다. 다음 내야 안타로 주자 1, 3루가 되었다. 삼진을 한 개 잡고 안타가 또 생겼다.

　　그런데 3루 주자가 홈을 밟지 않아서 아웃이 되었다. 투 아웃이 된 것이다.

　　볼이 많이 나왔다. 또 안타가 되는 줄 알고 긴장하고 있으면 파울이었다.

　　위기는 끝나지 않았다. 기어이 안타를 맞고 말았기 때문이다. 주자는 2루까지 나가 있었다. 그 때 우리는 4 대 2로 추격을 당하고 있었다. 우리 팀은 모두들 긴장하였다. 투수 제철이는 공을 던지는 데 온 정신을 쏟았다.

　　이제 투 아웃에 투 스트라이크. 마지막 타자가 될지도 모를 8반 김태형을 비롯한 모든 아이들이 긴장하고 있었다.

　　태형이는 파울을 하긴 했지만 제철이가 높게 던진 공을 멋지게 때려 마지막 홈런을 완성했다. 5 대 4로 결국 우리

반이 지고 말았다.

　게임에 져서 서운하긴 했지만 재미있었던 하루였다.

　얼마나 재미있었는지 과학나라에도 가지 못했다. 집에 들어왔더니 고양이가 밖에 나와 있었다. 고양이를 집에 넣어 주고 나오다가 어머니께 무척 혼났다. 나는 야구만 하면 학원에 가는 일도 까맣게 잊어버리는 습성이 있다.

예문

아빠도 그랬으면

5월 23일 목요일, 흐렸다 맑음
3학년 김정화

엄마는 아까부터 베란다에서 웃고 계셨다.
"엄마, 뭐 하세요?"
"호호. 정화야 저기 봐라. 어떤 아저씨가 아들, 딸과 함께 얼음땡 놀이를 하고 있잖니."
"별로 웃기지도 않구만……."
"저것 좀 봐라. 아저씨가 달리는 모습이 꼭 아기가 아장아장 걷는 것 같지 않니?"
"어? 정말이네. 근데 전 아저씨가 왜 밤에 애들이랑 노시는지 알아요."
"그래? 그게 뭔데?"
"낮에 하면 남이 보니까 창피하잖아요."
"호호. 정말 그렇겠구나."

엄마와 나는 재미있는 상상을 하며 이야기꽃을 피웠다.

그리고 나중에 혼자 생각했다.

'우리 아빠도 나랑 놀아 주셨으면…….'

예문

새벽 예배

3월 17일, 수요일
5학년 신지선

일어나기 싫은 아침이었다. 6시에 시작하는 새벽 예배에 참석하려고 눈을 비비고 일어났다. 동생 예지는 일어나기 싫어서 엄마께 투정을 부렸다.

"엄마, 나 나가기 싫어!"

"안 된다. 그만큼 자면 됐지, 또 자려고? 잠꾸러기 되겠다."

"아이 난 잠꾸러기 돼도 된단 말이야. 그러니 잠 좀 자게 해 주세요."

이렇게 예지가 투정을 부릴 때, 나는 일어나서 얼른 옷을 입었다. 그런 뒤에 가방에 책도 넣고 성경책, 찬송가, 필기도구 등을 넣었다.

"예지야! 새벽 예배 드리러 가자."

준비를 끝내고 예지를 불렀다. 그 때서야 예지는 일어나 옷을 입었다.

"예지야! 빨리 나와."라고 다그치자,

"아이씨, 알겠어."

하면서 하는 말마다 성질을 내기도 했다.

예지와 집을 나섰을 때는 55분이 다 되어 가고 있었다.

예지를 타이르면서 빨리 걸음을 옮겼다. 6시가 되기 전에 도착하려고 서둘렀다.

도착했을 땐 아이들이 거의 와 있었다.

찬송가 2장을 부르고 성경 말씀 듣는 시간이 되었다. 선생님 말씀을 듣는 시간이 너무 길었다.

선생님 말씀 시간이 끝난 후 성경 말씀을 2절씩 읽어 나갔다. 2절씩 읽는 데에도 아이들은 더듬거렸다.

　물론 5학년이 읽을 땐 줄줄줄 읽어 나갔지만……,

　성경 말씀을 다 읽고 주기도문을 외운 뒤에 예배가 끝났다. 아침에는 일어나기 싫지만 새벽 예배를 다녀오면 기분이 좋다.

　새벽 예배를 갔다 온 후에는 부모님께 밝은 음성으로 인사를 한다.

　"엄마 아빠, 다녀왔습니다."

　그러면 부모님께서는 "어! 그래. 수고했구나." 하시며 우리를 반겨 주신다.

다섯째, 깊게 생각하고 느낀 점 쓰기

'아침에 일어나서 밥 먹고 학교에 갔다. 학교에 다녀와서 학원에 가서 다시 공부했다.'

이런 식으로 간단한 이야기를 쓴다고 해도 그것은 일기가 됩니다.

하지만 하루의 일을 있는 그대로 기록만 한다면 그것은 결코 좋은 일기라고 할 수 없습니다. 아무리 작고 사소한 일에도 느끼고 생각한 점을 곁들여 주어야 합니다.

그래서 일기를 잘 쓰고 글도 잘 쓰는 어린이들은 대체적으로 공부 실력도 뛰어납니다. 그것은 깊은 생각을 하는 버릇을 익혔기 때문에 공부도 깊은 공부를 하기 때문이죠.

다음 예문을 함께 보도록 해요.

예문

특활

3월 8일 월요일, 맑음
4학년 차순석

이번 학기 특활은 리코더부에 들 생각이다.

작년에 리코더부를 맡은 우자영 선생님이 이번에도 맡으실 줄 알았는데 우리 반 담임 선생님인 왕희선 선생님이 리코더부를 맡게 되었다.

나는 겉으로는 '오잉!'이라는 표정을 지었지만 속으로는 '그것 참 잘 됐다.'라고 생각하고 있었다.

나는 아홉 살 때, 그러니까 2학년 때 처음 리코더를 배우기 시작했다.

그 후 무척 열심히 노력했다. 그래서 3학년이 되었을 때는 엄마의 수준을 뛰어넘었다.

그리고 혼자서 열심히 연습을 해서 3학년 중에서는 최고라고 자신해도 좋을 만큼 실력이 늘었다.

하지만 거칠거나 높은 음 등 부족한 점이 많았다. 그래서 이번에 리코더부에 들기로 한 것이다.

이번 특활은 열심히, 아주 열심히 해야지.

예문

고모 생각

4월 20일 화요일, 맑음
3학년 오해리

학교에서 공부를 하는데 자꾸 고모 생각이 났다. 우리 선생님을 쳐다보다가 그랬다.

우리 고모는 선생님이시다. 공부하는 게 재미있을 때도 있지만 하기 싫을 때도 있는데 고모는 어떨까 궁금했다.

　　고모가 보고 싶었다. 집에 가면 고모한테 전화해야지 생각했다. 뒤에 앉은 애가 나를 불렀다.
　　"너, 무슨 생각 하니?"
　　"우리 고모 생각했어."
　　"너네 고모가 누군데?"
　　"선생님이셔."
　　친구에게 자랑을 했는데 그 애는 아무 말도 안 했다.

"왜 그래?"

"우리 고모는 교통 사고로 작년에 돌아가셨어."

그래서 고모 자랑은 더 하지 않았다.

"힘내라."

미안해서 친구의 어깨를 두드려 주었다.

친구도 고모를 좋아했을까.

학교에서 돌아올 때까지도 친구와 고모 생각이 계속 났다. 그런데 밥 먹고 학원에 가느라고 전화하는 것을 잊어버렸다. 내일은 정말 고모한테 전화를 해야겠다.

예문

스스로 하는 일

4월 10일 수요일, 저녁에 비
3학년 김정화

방이 더럽다고 엄마께 혼이 났다.
시무룩한 표정으로 방을 청소했다. 저번에는 스스로 청소를 해서 칭찬받고 기분도 좋았는데…….
혼나고 청소하니까 너무 기분이 안 좋았다. 다 치웠는데도 다른 때처럼 기분이 상쾌하지 않았다.
그래서 엄마께 칭찬을 받으려고 청소 후에 책을 읽고 공부도 했다. 한참 하다 보니 조금 꾀가 나기도 했지만 꾹 참았다.
위대한 인물들은 아무리 힘든 일이 있어도 참고 견뎌 낸다는 말을 머리에 떠올리기도 했다.
정원이가 들어와서 같이 놀자고 졸랐지만 쳐다보지도 않았다. 결심을 쉽게 무너뜨릴 수가 없었다.

"언니는 왜 엄마 있을 때만 공부하는 척 해? 띠, 그런다고 엄마가 칭찬해 줄 줄 알고?"

정원이는 내 결심을 몰라 주고 계속 약을 올렸다. 하지만 끝까지 결심을 지켰다.

얼마 후였다. 엄마가 과일과 주스를 가지고 오셨다.

"정화 공부하니? 이거 먹고 해라."

정말 기분이 너무 좋았다. 엄마한테 칭찬받고, 나 자신도 흐뭇하고……. 누가 시켜서 하는 일보다 스스로 하는 일이 좋은 거라고 다시 느꼈다.

예문

신발

5월 20일 금요일, 흐림
4학년 황나연

내 신발은 참 예쁘다. 엄마가 옛날에 사 주신 것이다. 어디에서 샀냐면 시장에 있는 신발 가게에서였다.
하루는 친구 진영이가 신발을 샀다고 자랑했다.
"네 것보다 훨씬 예쁘지?"
친구의 자랑에 화가 나서 아껴 두었던 신발을 꺼내 신고 집을 나섰다.
"신발이 참 예쁘네."
엄마가 그렇게 말씀하셨다. 기분이 좋았다.
학원에 갔더니 학원 선생님도 똑같은 말씀을 하셨다.
그런데 이상한 일이었다. 자꾸 진영이 신발 같은 것을 갖고 싶어지는 것이었다. 저녁에 돌아와서 엄마에게 새 신발을 사 달라고 졸랐다. 엄마는 안 된다고 하셨다.

> "깨끗하게 닦아 신으면 새 신발 같을 거야."
>
> 엄마는 그렇게만 말씀하셨다. 결국 나는 신발이 더 낡으면 새 것으로 사 달라고 하기로 했다.
>
> 참 이상하다. 친구들이 좋은 것을 갖고 있으면 나도 꼭 갖고 싶다. 언니랑 나를 공부시키느라 부모님이 힘드시다는 것은 알지만 욕심이 난다.
>
> 앞으로는 욕심 나는 물건이 있어도 사 달라고 조르는 짓은 말아야 하겠다.

여섯째, 꾸준하게 쓰기

일기 쓰기에서 가장 중요한 것은 꾸준히 쓰기입니다. 부모님이나 선생님께 야단 맞는 것이 두려워 일기를 쓴다면 결코 좋은 글이 나오지 않을 것입니다.

어떤 어린이는 학교 숙제로 사흘에 한 번 정도씩 한꺼번에 일기를 쓰기도 합니다. 또 일주일에 두세 번 정도 정해 놓고 쓰는 어린이도 있습니다.

　그것은 잘못된 버릇입니다. 일기는 누가 쓰라고 해서 쓰는 것이 아닙니다. 자기 스스로의 생활을 반성하면서 정성 들여 써야만 합니다. 그랬을 때 올바르고 진실한 생각을 쓸 수 있게 됩니다.

　만약 그 전날 일기를 빼 놓았으면 그 하루는 빼 놓고 넘어가야 합니다. 그래야만 일기 쓰는 일에 싫증을 느끼지 않습니다.

예문

백화점에 가서

3월 14일 일요일, 맑음
3학년 현 성

　며칠 동안 일기를 쓰지 않았다. 쓰기가 싫었다. 그런데 오늘은 쓰기로 했다. 쓰고 싶은 일이 생겼기 때문이다.
　우리 가족이 백화점에 간 것이다. 백화점에는 너무 사람이 많았다. 세일 기간인 모양이었다.

일층이 너무 복잡해서 우리는 위로 올라갔다. 거기에는 갖고 싶은 것이 너무 많았다.

내가 신고 싶은 구두도 보였다. 그 구두 앞에 서 있었다. 그러자 엄마가 나를 불렀다.

"이 구두 멋있니?"

"네, 멋있어요."

얼른 대답했다.

"신어 보자."

엄마는 내 발에 신발을 신겨 주셨다. 신발은 발에 꼭 맞았다. 결국 엄마는 신발을 사 주셨다.

"엄마, 고맙습니다."

기뻐서 내가 크게 말했다.

신발 말고도 갖고 싶은 물건이 너무 많았다. 뭐든 사고 싶었지만 꾹 참았다.

지하 식료품 코너에서는 이상하게 생긴 아저씨가 막 떠들고 있었다.

"호박엿 사세요. 호박엿이요!"

아빠가 호박엿을 사셨다. 우리는 호박엿을 먹으면서 돌아다녔다.

호박엿을 다 먹고 나니까 엄마는 시장으로 가 보자고 하셨다.

세일을 해도 별로 싼 것 같지 않다고 하셨다.

우리는 백화점을 나와서 시장으로 향했다.

시장은 백화점보다 훨씬 덜 복잡했다. 멋있는 잠바와 가방이 많이 쌓여 있었다.

엄마는 시장에서 찬거리와 족발을 사셨다. 백화점보다 훨씬 싸다고 하셨다.

우리는 늦게야 집으로 돌아왔다.

돌아와 족발을 먹은 뒤 아빠와 같이 학교 숙제를 하였다.

너무 피곤해서 자꾸 하품이 나왔다. 피곤하기는 했지만 즐겁고 신나는 하루였다.

3 일기를 쓸 때 주의할 점은 무엇일까요?

어린이 여러분은 일기 쓰는 일을 그다지 좋아하지 않습니다. 거의 매일 같은 일만 벌어지는데 뭘 쓰느냐고 불평을 하지요. 그러다 보니 대충 써 놓고 잠자리에 드는 일이 많습니다.

하지만 일기와 얼마든지 친해질 수도 있습니다. 빼 놓지 않고 꾸준히 쓰다 보면 '오늘은 무엇을 쓸까' 생각하게 되고, 신기한 일을 만나면 '아, 오늘 일기는 이걸로 써야겠구나' 하는 생각까지 하게 됩니다. 그러면 일기로 쓸 내용을 찾게 되는 좋은 습관이 생깁니다.

그렇다면 실제로 일기를 쓸 때 주의할 점을 짚어 보도록 해요.

첫째, '나는', '오늘은' 그런 말은 되풀이해서 쓰지 않습니다.

쓰지 않으면 안 될 경우에만 써야 합니다. 왜냐하면 일기는 개인의 일을 쓰는 것이고 그 날의 일을 기록하는 것이기 때문에 굳이 '나는', '오늘은' 하고 밝힐 필요가 없기 때문입니다.

둘째, 접속사는 많이 쓰지 않습니다.

'그리고', '그런데' 등의 접속사, 즉 문장과 문장을 잇는 말을 많이 쓰면 새로운 문장을 쓰는 데 방해가 되기 때문이죠. 부득이 써야 할 경우는 행을 바꿔 새로운 표현을 얼마든지 만들 수 있습니다.

초등 학교 저학년일 경우에는 원고지에 일기를 써 보는 것도 좋은 습관입니다. 원고지 쓰는 법도 익힐 수 있고 적절하게 행을 바꿔 말을 잇는 문장력을 키울 수 있기 때문이죠.

셋째, 쓰는 시간이 일정하면 좋습니다.

잠자기 전, 또는 저녁 식사 후, 그런 식으로 말입니다.

시간을 정해 놓지 않으면 꾀를 부릴 수 있습니다. '조금 있다 하지 뭐', '조금 더 놀다 해도 돼.' 하고 핑계를 댈 수 있습니다.

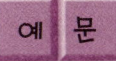

일기

6월 7일 월요일, 맑음
4학년 노성영

어제 학교에서 돌아와 나는 친구들과 어울려 놀이터로 향했다. 그리고 거기서 시소도 타고 미끄럼틀, 구름 사다리 등을 탔다.

엄마가 부르는 소리가 들렸다. 벌써 깜깜해지고 있었다. 그래도 나는 더 놀고 싶었다.

"더 놀다 갈게요."

엄마한테 졸랐다.

"안 돼."

엄마는 말도 못 하게 하셨다. 집에 들어가 일기 쓰기 숙제를 하려고 책상에 앉았지만 놀고 싶은 생각 때문에 자꾸 연필이 부러졌다.

할 수 없이 연필을 놓고 살금살금 밖으로 나가 다시 놀이터에서 놀기 시작했다.

그렇게 노느라고 너무 피곤하였다.

일기를 써야 하는데 마구 졸음이 쏟아졌다.

귀찮아서 대충 쓰고 잠자리에 들었다.

오늘 국어 시간에 일기 검사를 하였다. 선생님은 내 일기장에 '잘 못 했어요.'라는 도장을 찍어 주셨다.

몹시 부끄러웠고 기분도 나빴다. 그래서 오늘은 학교에서 돌아와 조금만 놀고 책상 앞에 앉아 일기 숙제부터 시작하고 있다. 다음부터는 꼭꼭 이 시간에 일기를 쓰자고 다짐해 본다.

이 일기를 끝내면 기분이 좋아질 것 같다.

예 문

일기는 정말 싫어

7월 25일 목요일, 구름만 가득
3학년 김정화

 일기를 쓸 때였다. 밤이라서 그런지 다른 때보다 더 졸음이 쏟아지는 것 같았다.
 "아휴, 졸려. 이 놈의 일기인지 뭔지는 왜 있는 거야! 일기 쓰기만 없었어도 빨리 잘 수 있을 텐데……."
 눈을 감고 일기 쓰지 않는 세상을 생각해 보았다. 그런 세상이 있다면 얼마나 좋을까.
 그런데 한참 생각하니 나쁜 점보다 좋은 점이 더 많은 것 같았다. 하루하루 기억에 남는 일을 기록해 나가지 않으면 언제 무슨 일이 있었는지 까먹을 게 분명했다. 또 문장력도 키울 수 없으니 그것도 걱정이었다.
 맞아! 일기를 쓰는 것은 결코 나쁜 것이 아니야. 도리어 글쓰기에 도움이 되는 일이야. 그러니까 일기 쓰기를 게을리 하지 말아야지!

 더 고마운 것은 이런 생각을 오늘 일기로 쓸 수 있게 되었다는 일이다.

 앞으로는 잠들기 전에 꼭 일기를 쓰는 습관을 길러야겠다.

3.일기를 쓸 때 주의할 점은 무엇일까요? • 61

4 일기의 종류

1. 그림 일기

　그림 일기는 그림을 그리고 글을 곁들이는 일기입니다. 초등 학교 1, 2학년 때 주로 쓰죠.
　그림을 그리고 글을 곁들이면서 일기에 대한 재미도 붙일 수 있고, 표현력이 부족한 어린이는 하루의 일과를 그림으로 보충하여 표현할 수 있는 장점이 있습니다.
　그림 일기라고 해서 내용보다 그림에 충실해서는 안 됩니다. 그림에 너무 많은 신경을 쓰다 보면 내용이 약해지기 때문이지요.
　또한 글과 그림이 잘 어울려야 합니다. 내용은 등산에 관한 이야기인데 그림은 파란 바다라면 그림 일기의 의미가 없어지는 것이죠.
　다음 그림 일기를 보세요.

7월 17일 수요일	오늘의 날씨에 색칠하셔요.
어제는 언제 잤습니까? (10시 10분)	오늘은 언제 일어났습니까? (6시 20분)

제목	자	전	거		타	기					
	언	니	와		함	께		자	전	거 를	타
려	고		아	파	트		마	당	으	로	뛰 어
내	려	갔	더	니		자	영	이	와		다 른
언	니	들	이		고	무	줄		놀	이 를	하
고		있	었	다	.						
	같	이		자	전	거 를		탔	다	.	
	언	니	도		다	른		언	니	들 과	자

전거를 타고 놀았다.
다음에도 또 타고 놀고
싶다.

7월 20일 토요일

어제는 언제 잤습니까? (9시 40분)

오늘의 날씨에 색칠하셔요.

오늘은 언제 일어났습니까? (7시 00분)

제목 아빠와 재떨이

우리 아빠는 담배를 많이 피우신다. 재떨이에는 항상 꽁초가 가득하다.
담배 연기와 냄새는 지독하다. 재떨이를 엎질러 치울 때는 아빠가 미웠다.
방에서 아빠가 담배를 피

우시면 우리 엄마는 "밖에서 피워요." 하신다. 아빠랑 뽀뽀할 때도 담배 냄새가 지독하다. 아빠 제발 담배 그만 피우세요.

7월 23일 화 요일　　오늘의 날씨에 색칠하세요.

어제는 언제 잤습니까? (9시 40분)　오늘은 언제 일어났습니까? (6시 50분)

제	목	공	원							
	저	녁	을		일	찍		먹	은		후	에
너	무		더	워	서		엄	마		언	니		그
리	고		나	는		놀	이	터	에	서		그	네
도		타	고		미	끄	럼	도		타	고		재
미	있	게		놀	다	가		공	원	으	로		산
책	을		가	기	로		했	다	.		가	는		길
에		언	니	랑		달	리	기	도		하	고

잡기 놀이도 하면서 공원에 갔더니 사람들이 너무 많았다. 조금 답답해 보였다. 언니가 공원 끝까지 가 보자고 했다. 가면서 아이스크림도 사 먹고 앉아서도 놀고 참 재미있었다. 아빠도 함께 오셨으면 더 즐겁게 놀았을 거야 하고 언니가 말했다. 갑자기 아빠가 보고 싶어졌다.

2. 학습 일기

학습 일기란 공부한 내용을 자세하고 정확하게 기록하는 것입니다.

좋은 학습 일기를 쓰려면,

첫째, 학습 내용을 자세하게 쓰는 것이 좋습니다.
둘째, 공부를 하면서 느낀 소감이나 어려웠던 점을 적습니다.
셋째, 학습의 과정과 결과를 통해 느낀 결심을 적습니다.

예 문

그릇 만들기

11월 7일 목요일, 하루 종일 해
3학년 김정화

다섯, 여섯째 시간은 신나고 즐거운 미술 시간!
요번 시간에는 그릇 만들기이다.
선생님께서는 수업을 시작하기 전에 무얼 만들지 먼저 생각하라고 하셨지만, 나는 미리 집에서 생각을 해 왔다.

그것은 바로 컵이었다. 컵을 만들기로 한 나는 집에서 조금 준비를 했다. 준비라고 해서 별 건 아니고 아이스크림 통에 두 개의 구멍을 뚫고 철사를 끼워 온 것뿐이다.

미술 시간에 아이스크림 통을 지점토로 감싸 준 후, 나중에는 손잡이로 쓰일 철사에도 지점토를 감싸 주었다.

그렇게 한 다음 꽃 모양을 붙여 주었다. 꽃 모양도 한 가지로 하지 않았다. 해바라기, 장미, 채송화, 백합, 여러 가지를 그려 붙였다.

만들기가 잘 완성되어서 기뻤지만 더 좋은 것은 10점 만

점을 받았다는 것이었다.

"정화는 준비를 잘 해 와서 좋은 작품을 만들었구나."

선생님 칭찬에 기분이 우쭐해졌다.

아휴, 기분 좋아라.

예 문

신비한 곤충의 생활

7월 10일 토요일, 맑음
4학년 최순우

옛날 사람들은 지금의 우리보다 곤충을 더 신비하게 여겼던 것 같다.

고대 이집트 사람들은 쇠똥구리를 신의 벌레라고 여기고 굉장히 떠받들었다. 한번은 나일 강에 홍수가 나서 왕쇠똥구리들이 수천 마리 몰려와 가축의 똥에 달라붙었다. 그러자 사람들은 그 똥을 갖다 먹고 그랬단다. 그 똥을 먹으면 아들을 낳는다고 믿었기 때문이었다.

또 중국에서는 누에를 길러 고치에서 실을 뽑아 비단을 짜는 일을 처음으로 시작하였다.

곤충 중에는 사람들에게 해를 끼치는 것들이 더러 있다. 메뚜기 떼들이 몰려와 애써 가꾼 벼를 다 먹어 치운 일도 있었다고 한다. 어느 책에서 읽었는데, 체체 파리라는 파리는 시도 때도 없이 잠자는 병을 옮기고, 모기는 말라리아를 옮긴다고 한다.

그렇지만 좋은 일을 하는 벌레가 더 많다. 가뢰라는 벌레는 약에 쓰이고, 여치 울음 소리는 우리를 즐겁게 해 준다. 반짝반짝 빛을 내는 반디는 예전엔 등불 대용으로 쓰였다고 한다.

나는 요즘 곤충에 대해 관심을 많이 갖고 있다. 그리고 느낀 점이 많다. 우선 곤충이 그렇게 특이하고, 힘이 센 줄 몰랐다.

이제부터는 곤충이 작다고 깔보지 말고 사랑하고 관찰하는 버릇을 키워가야겠다.

3. 관찰 일기

　관찰 일기란 자연 상태의 사물이나 어떤 현상을 자세히 살펴본 후에 기록하는 것입니다.
　초등 학교 어린이들이 주로 할 수 있는 관찰의 종류에는 집에서 기르는 애완 동물이나 화초가 많습니다. 애완 동물과 화초는 여러분 가까이에서 쉽게 접할 수 있기 때문이지요.
　좋은 관찰 일기를 쓰려면,

- 첫째, 본 그대로 기록해야 합니다. 대충 짐작을 하거나 남이 들려 준 이야기를 성의 없이 써서는 안 됩니다.
- 둘째, 계속 이어서 기록을 하는 것도 좋지만 변화가 생길 때마다 기록하는 것이 더 좋습니다.
- 셋째, 나타난 변화를 그냥 글로만 쓰지 말고 그림이나 사진을 넣는 것도 좋은 방법입니다.

　다음의 관찰 일기를 읽고 나서 쓰는 요령을 익혀 보세요.

예문

충청도에서 이사 온 어린 깻잎

7월 25일 토요일, 맑음
5학년 김정화

학원에 다녀와 보니 우리 집 화단에 키 작은 모종 세 그루가 자리잡고 있었다. 무슨 모종인지 궁금해서 엄마한테 여쭈어 보았다.

"엄마, 저게 무슨 모종이에요?"

"깻잎 모종이란다. 윗집 아저씨께 얻었어. 저래 봬도 충청도에서 올라온 거란다."

엄마는 빙그레 웃으시며 대답해 주셨다.

"충청도에서요?"

어린 깻잎이 갑자기 대단해 보였다. 저 조그만 싹이 충청도에서부터 올라왔다니, 얼마나 힘들었을까, 그런 생각이 들었던 것이다.

"저 모종도 생명이구나."

그렇게 중얼거리며 다가가 살펴보았다. 올라오느라 힘이 들었는지 축 늘어진 모습이었다. 생명이 있으니까 힘들다는 표현을 하는 것이겠지, 그런 생각도 들었다.

아무튼 저 깻잎 모종도 우리 가족이 되었다. 앞으로 잘 보살펴 주어야겠다. 그런데 걱정이다. 많이 시들었는데 죽지나 않을까?

깻잎들아, 건강하게 자라 다오. 이제부터는 내가 너희들을 잘 보살필 테니까.

예문

거름 주기

7월 26일 일요일, 맑음
5학년 김정화

 엄마와 함께 모종삽과 거름 봉지를 들고서 화단으로 갔다. 귀여운 우리 깻잎 모종들에게 거름을 주기 위해서였다.
 "엄마, 우리 집 화단의 땅은 약간 기름진 것 같은데 거름을 왜 줘요?"
 "그렇지 않단다. 보기에는 기름진 것 같지만 우리 집 화

단 흙은 양분이 별로 없고 기름지지도 않아. 그러니까 거름을 줘야 깻잎들이 제대로 살 거야."

그제서야 나는 고개를 끄덕였다.

우리는 깻잎 모종에 거름을 주었다.

이제부터 깻잎 모종이 시들지 않고 잘 자랄 것을 생각하니 흐뭇했다.

모종들도 기분이 좋아서 하하하, 웃고 있는 것 같았다.

예문

자라는 잎사귀

7월 27일 월요일, 맑음
5학년 김정화

오후 늦게 화단으로 나가 보니 왠지 깻잎 모종들이 달라진 것 같았다. 잎사귀가 자란 것이다. 기분이 너무 좋아서 엄마를 불렀다.

"엄마, 빨리 와 보세요!"

"왜 그러니? 깻잎이 시들기라도 했니?"

"아뇨. 조금 달라진 것 같아요. 잎사귀가 커졌어요."

"어디 보자. 어머, 정말이구나!"

엄마도 기뻐하셨다.

이대로 자란다면 앞으로 아주 크게 자라겠구나, 그런 생각이 들었다. 하늘로 치솟고 그것도 모자라서 우주까지 치솟는다면 어떻게 되지? 그런 엉뚱한 생각도 들었다. 정말 그랬으면 좋을 것 같았다.

4. 생활 일기

생활 일기란 어린이들이 가장 많이 쓰는 생활문 형식의 일기입니다. 그 날 겪은 일 중에서 가장 인상 깊었던 일들을 편안하게 쓰는 것이지요. 다음의 일기를 함께 감상해 보도록 하죠.

예문

종이 거북이

12월 7일 목요일, 흐림
2학년 정현경

서예 학원에 갔더니 선생님이 지난 밤에 뭘 했냐고 물어보셨다. 내 눈이 피곤해 보였기 때문이다.
"거북이 접었어요."
그렇게 대답했더니 선생님께서 거북이 접는 법을 알려 달라고 하시는 거였다.

자세하게 가르쳐 드렸더니 선생님께서 몹시 좋아하셨다.

집으로 가면서 언니에게 말했다.

"언니, 집에 가서 우리, 거북이 접자."

"그래."

언니와 나는 거북이 접기에 쓸 색종이를 샀다. 언니가 그러는데 거북이 천 마리만 접으면 소원이 이루어진다고 했다.

"너 그 동안 몇 마리 접었어?"

"백 마리."

"우와! 많이 접었네!"

언니는 이백 마리나 접었는데 나는 아직 백 마리밖에 못 접었다.

"현경아! 너는 아빠한테 선물해. 나는 엄마한테 할 거야."

"좋은 생각이야."

그렇게 말하고 나니까 갑자기 피곤한 생각이 달아났다.

우리 언니는 거북이를 아주 빨리 접는데 나는 좀 늦다. 언니는 좋겠다. 빨리 접으니까.

나도 빨리 접으려 해도 잘 되지 않는다. 얼른 접어서 아빠 드리고 싶은데…….

그리고 우리는 아직 거북이 통도 없었다. 거북이를 접다가 생각이 났다.

"식물나라 화장품 통이 있었지!"

"나도 그 통에다 담아야지."

우리는 얼른 화장품 통을 찾아다 거북이를 넣었다.

오랫동안 앉아서 접으니까 손도 아프고 다리도 아팠다. 나가 놀고 싶기도 하였다. 하지만 언니는 꼼짝도 않고 종이만 접었다.

아빠는 내가 접어 드린 거북이를 보고 무슨 소원을 말씀하실까? 나중에 여쭤 봐야겠다.

예문

아빠의 허리

1월 10일 토요일, 맑음
3학년 이재욱

"다녀왔습니다!"

글짓기 학원에 갔다가 집에 돌아와 보니 아빠 차가 있었다.

"아빠가 왜 이렇게 일찍 오셨지?"

아빠는 늘 늦게 오시는데 이상한 생각이 들었다. 아빠는 허리를 만지면서 나오셨다.

"아빠가 허리를 다쳤단다."

아빠 말씀에 깜짝 놀랐다.

"많이 아프세요?"

"아니, 괜찮아."

아빠는 그렇게 말씀하셨지만 고통스러워하시면서 안방으로 들어가셨다. 정말 많이 아프신 것 같았다.

걱정스러웠지만 우리는 나가서 놀았다. 저녁이 다 되어 들어왔다. 그 동안 아빠 일은 까맣게 잊고 있었다.

"따르릉~따릉."

전화 벨이 울렸다. 얼른 전화를 받고 보니 엄마셨다. 아직 퇴근을 안 하신 것 같았다.

"재욱아, 엄마 지금 갈게!"

"아빠 허리 다치셨어요!"

"뭐? 알았어."

그리고 엄마는 걱정스러운 얼굴로 금방 돌아오셨다. 어디를 다쳤는지 아빠는 끙끙 앓고 계셨다.

"어디를 다쳤길래 그래요?"

"모르겠어."

엄마는 아빠 허리에 파스를 붙이셨다. 그래도 아빠는 끙끙 앓으셨다. 엄마는 허리를 뜨겁게 하는 팩을 가지고 오셨다. 아빠는 그걸 허리에 대고 다시 누우셨다. 많이 나았는지 조금 편안한 표정이셨다.

"어~후 시원하다!"

아빠 말씀에 우리는 하하하 웃어 댔다. 뜨거울 텐데 시원하다고 하셔서 웃은 것이다.

　마음속으로 기도를 하였다. 이번 일요일에는 교회에 가서 아빠 허리가 빨리 낫도록 기도를 하겠다는 생각까지 하였다.

　아빠는 이제 병원에도 가셔야 한다고 한다. 허리의 인대가 늘어났다는 것이다. 그 전에 내가 엄지손가락을 다쳤던 기억이 딱 났다. 그 때는 정말 아팠었다.

　가족 중에 누가 아프면 마음이 어두워진다. 컴퓨터 게임을 해도 재미가 없다. 빨리 아빠가 나으셨으면 좋겠고 앞으론 누구도 아프지 않았으면 한다.

예 문

거북이들의 죽음

3월 5일 금요일, 흐림
4학년 김혜솔

그저께 우리 집의 귀염둥이 거북이 거순이가 끙끙 앓다가 죽어 버렸다. 그 전까지만 해도 받아 놓았던 물만 주다가 갑자기 수돗물을 넣어 준 탓인지 눈이 퉁퉁 부어올라, 아무 것도 보지 못하고 아무 것도 먹질 못했다. 그러다 그저께 죽었던 것이다. 지극정성의 간호에도 불구하고 말이다. 그런데, 거순이가 혼자 천당 가기가 싫었는지, 어젯밤 푸름이를 데려갔다. 푸름이도 역시 눈병이었는데 거북 가족 중 가장 늦게 들어와서 두 번째로 세상을 떠난 것이다.

"푸름아, 돌돌이 놔두고 먼저 가면 어떡해. 내 잘못이다. 내 탓이야. 미안해. 정말로 미안해."

나는 새벽에 죽어 가는 푸름이에게 수없이 사과를 하였다. 푸름이는 비쩍 마른 채, 눈을 뜨지 못하고 있었다. 그

모습이 마치 나를 째려보는 것 같았다. 거북이들의 죽음이 내 탓이라서 그 영혼들이 내 주위를 맴돌고 있는 것 같기도 했다. 요즘 들어 내가 너무 거북이들에게 무심했다는 생각이 들어 견딜 수가 없었다. 거북이들이 너무 불쌍하기만 했다.

"괜히 우리 집에 들어와서 저렇게 된 거야. 내가 너희를 사지만 않았어도, 내가 너희를 무시하지만 않았어도 너희들은 분명 아직도 행복하게 살고 있을 텐데. 미안해."

아빠와 함께 거북이 통에 물을 채워 넣었다. 점심 먹은 후 다시 물을 갈아 주기로 아빠와 약속을 했다. 그리고 아빠는 회사에 나가셨는데 엄마는 혀를 차셨다.

"쯧쯧. 그러게 물 갈아 주라고 할 때 갈아 주지 그랬니?"

동생 혜진이는 내게 넘겨 준 푸름이가 죽자, 무척 아쉬워하였다.

돌돌이만 외롭고 쓸쓸하게 남아 있는 게 마음에 걸린다. 얼마 살지 못한 것만 같다. 그렇다고 이미 눈병이 생겨 눈이 보이지 않는 돌돌이를 위해 거북 한 마리를 더 살 수도 없었다. 하지만 만약에 돌돌이가 눈을 뜬다면 당장에라도

사 올 수 있을 것 같은데, 돌돌이는 눈을 떠야겠다는 의지가 없는 것 같다. 혼자 외롭게 살고 있는 거북이 돌돌이에게 해 주고 싶은 말이 있다.

"돌돌아! 외롭고 힘들더라도 죽으면 안 돼. 나도 너 무시하지 않을게. 돌돌이 파이팅!"

5. 감상 일기

감상 일기는 책을 읽고 그 느낌을 쓰는 경우도 있고 연극, 영화, 미술 등을 감상하고 적을 수도 있습니다.
책을 읽고 쓴 독서 감상 일기는 날짜와 날씨를 없애면 한 편의 독후감이 되기도 합니다.

예 문

독후감

10월 14일 토요일, 가끔 비
3학년 김정화

학교가 끝나고 집에 와서 원고지를 준비했다. 그리고 읽은 책 내용을 생각하며 독후감을 쓰기 시작했다.
제목은 신데렐라이다. 내일 대회에 나가서 직접 읽을 거라서 글씨도 또박또박 썼다.

신데렐라를 읽고

신데렐라는 재투성이 아가씨입니다. 왜냐하면 집에서 일만 하기 때문입니다. 신데렐라 엄마는 신데렐라가 어릴 때 돌아가셨습니다. 그래서 새엄마가 들어와 맨날 일만 시켰습니다. 두 언니들은 놀기만 하였습니다.

신데렐라는 그래도 불평하지 않고 일을 하였습니다. 나라면 조금 있다가 할게요, 하고 말했을 것입니다.

어느 날 성에서 파티를 한다고 새엄마와 언니들은 궁전으

로 초대받아 갔습니다. 하지만 신데렐라는 집에서 일만 해야 했습니다. 그런데 갑자기 마술사가 나타났습니다. 마술사는 호박으로 마차를 만들었습니다. 그리고 예쁜 유리 구두와 드레스를 주었습니다.

신데렐라는 마차를 타고 궁전으로 갔습니다. 왕자님은 신데렐라에게 춤을 추자고 했습니다. 자정이 되었을 때 신데렐라는 궁전에서 뛰쳐나왔습니다. 마술의 효력이 없어질 테니까요.

왕자는 그 뒤 신데렐라가 버리고 간 한 쪽 유리 구두를 들고 신데렐라를 찾아 나섰습니다. 결국 왕자는 신데렐라를 찾게 되고 두 사람은 결혼을 하여 행복하게 살았습니다.

책을 읽고 신데렐라가 참 부러웠습니다. 그렇지만 나쁜 언니와 새엄마가 있는 건 정말 싫습니다.

잘 썼는지 모르겠지만 내일 대회에 나가서는 진짜 잘 해야지. 그리고 어른들이 흔히 말씀하시는 '신데렐라 콤플렉스'란 무엇이고 왜 그런 말이 생겼는지도 생각해 봐야겠다.

예 문

꾀보 봉이 김선달을 읽고

6월 10일 목요일, 땀 삐질삐질
4학년 최덕우

어느 날 김선달 아내가 이렇게 말했습니다.
"여보, 애들이 밥을 먹고 싶대요."
나는 배가 고프면 밥을 먹는데 김선달 집은 너무 가난해서 그럴 수가 없었습니다. 가난하면 나가서 일을 하면 될 텐데 김선달은 집에서 놀기만 하는 것이 나로서는 이상했습니다.

김선달은 집을 나서면서 아내에게 쌀 한 가마니 갖다 주겠다고 큰소리를 쳤습니다. 그리고 장터로 나갔습니다.
"이 새 이름이 뭐요?"
김선달은 닭장수한테 다가가 그렇게 물었습니다. 닭도 모르는 바보가 있나, 하고 생각한 닭장수는 김선달을 골탕 먹이기로 했습니다.

"봉이오."

김선달은 그 말을 듣고 깜짝 놀라는 척 하며 얼른 닭을 샀습니다. 그리고는 그 닭을 들고 사또한테로 갔습니다.

"사또, 제가 아주 귀한 봉을 사 왔습니다."

김선달은 그렇게 말하며 닭을 꺼내 놓았습니다. 사또는 김선달이 자기를 놀리는 줄 알고 몹시 화를 냈습니다.

"아이고, 아이고 속았네. 봉이라고 해서 쉰 냥이나 주고 샀는데."

그렇게 김선달은

우는 소리를 했습니다. 그러자 사또는 당장 닭장수를 불러 오게 했습니다. 그 닭장수는 거짓말을 한 죄로 김선달에게 많은 돈을 내야 했습니다.

나는 조금 이상했습니다. 닭장수가 거짓말을 한 것은 정말 나쁘지만 그 사람이 불쌍했습니다. 그 사람도 김선달처럼 가난한 사람이라서 닭을 팔려고 했던 것일 텐데요. 정말 나쁜 사람은 혹시 김선달이 아닐까, 라는 생각도 했습니다.

나는 이 글을 읽고 게으름을 피우지 않기로 했습니다. 게으름을 피우면 가난해지기 때문입니다. 그리고 남을 괴롭히거나 거짓말을 하면 용서받을 수 없다는 것을 알았습니다.

예 문

음악회

5월 25일 수요일, 비
6학년 김호정

또 문화예술관에 갔다. 6학년 4반이 되어서부터 그 곳을 자주 가게 된다. 음악에 홀린 선생님을 만난 덕분이다.

문화예술관에 도착하니 우리 반 아이들이 많이 와 있었다. 우리는 다 같이 미술관으로 먼저 들어갔다. 그 곳은 일본 욱천 시와 자매 결연 5주년을 맞아 어린이들의 그림을 전시하고 있었다. 일본 시장을 비롯한 여러 사람들이 테이프를 끊었다. 나도 사람들 사이에서 힘껏 박수를 쳤다.

그림을 보니, 우리 나라 아이들은 투명 수채화를 잘 그리는 데 반해, 일본 아이들은 불투명 수채화를 잘 그리는 것 같았다. 모두 주제가 뚜렷하게 잘 나타났다는 것이 특징이었다.

그 곳에서 나와 대공연장으로 갔다.

음악이야말로 신이 났다. 지휘자인 금난새 아저씨의 멋진 동작! 다른 지휘자와 역시 달랐다. 음악의 흐름에 맞추어서 지휘봉이 춤을 추었다. 동작이 크고 음악에 홀린 듯한 표정에 더욱 매료되었다.

예 문

박물관

8월 17일 토요일, 매우 더움
3학년 김정화

우리 가족은 아침 일찍 박물관을 가기 위해 집을 나섰다. 방학 숙제 때문이었다.

어디로 가야 되는지 길을 몰라서 안절부절못하다가 어떤 아저씨 덕분에 찾아갈 수 있었다.

박물관에 들어서자 온갖 활 종류가 전시되어 있는 것이 보였다. 서랍장, 옷, 북, 책, 도자기 등도 전시되어 있었다.

그 중에서도 북이 제일 많았다. 또 북은 색깔도 화려하고 모양도 가지가지여서 서로 뽐내며 자기가 제일 예쁘다고 하는 것 같았다.

옛날 사람들은 정말 섬세하게 무엇이든 잘 만들어 냈다. 그림 하나 새기는 것도 정말 정성이 함께 새겨진 것처럼 보

인다.

 집으로 갈 때는 일부러 풀밭을 지나갔다. 거기서 여치, 메뚜기도 잡고 물레방앗간에서 사진도 찍었다.

 그리고 외식도 하였다. 숙제도 하고, 풀밭에서 곤충 잡기도 하고, 맛있는 것도 먹고…….

 정말 즐거운 하루였다.

6. 동시 일기

일기는 꼭 산문으로만 써야 하는 것은 아닙니다. 동시 형식으로 써도 상관이 없습니다.

오히려 줄줄 이어 가는 글로 쓰는 것보다 동시를 지어서 쓰면 부담도 적고 재미도 느낄 수 있습니다. 또한 동시 짓는 실력을 키워 주기도 합니다.

산문으로 일기를 쓰다 싫어지면 동시 형식으로 짓는 것도 좋은 방법입니다.

예문

우리들의 미래

9월 10일 목요일, 바람 솔솔
3학년 이치화

우리는 무슨 목적을 갖고
태어났을까?
우리의 미래는

어떻게 될까?

아무도 모른다

나의 미래를 알고 싶다

빨리 우리의

미래를 찾고 싶다

예문

하얀 눈

11월 1일 화요일, 올해 첫눈
3학년 문소영

하얀 눈으로 무엇을 할까?
우리들이 좋아하는
눈싸움 해야지

하얀 눈으로 무엇을 할까?
엄마 아빠 흉내내는

소꿉놀이 해야지

하얀 눈으로 무엇을 할까?
할머니 할아버지 만들어
연극놀이 해야지

예문

내 친구 아름이

3월 10일 수요일, 맑음
2학년 문지인

통통 돼지 내 친구 이름은

아름이랍니다

처음 학교에 입학해서는

이름도 몰랐지만

이제는 꼭 같이 붙어 다니는

내 친구

아름이랍니다

아름이 얼굴에는 방글방글

웃음이 가득

나도 덩달아

방글방글

우리들은 똑같은

통통 돼지

둘이서 방글방글 웃으면

사람들은 우리한테

쌍둥이래요

예 문

자연 보호

4월 5일 일요일, 맑음
4학년 정재훈

졸졸 시냇물 따라

들로 놀러 갔더니

꾀꼴꾀꼴 새소리 따라

산에 올라갔더니

아휴, 이 냄새

쓰레기 냄새잖아

코가 저절로

찡그려지네

우리 나라

우리 땅

누가

보호해 주나요?

우리 말고

또 누가 있나요?

7. 기행문 일기

　기행문 일기는 집을 떠나 다른 곳으로 여행을 다녀 온 뒤에 쓰는 일기입니다. 이런 일기는 매일 쓸 수 있는 게 아니라 멀리 여행을 떠났거나 나들이를 했을 경우에만 쓸 수 있습니다.
　좋은 기행문 일기를 쓰려면,

첫째, 출발할 때의 기분이 나타나야 합니다.
둘째, 날씨나 출발 시간도 적어 두면 좋습니다.
셋째, 가는 도중 만난 일이나 구경한 경치도 적어 둡니다.
넷째, 새로운 것을 보았거나 이야기로 들은 내용도 적어 둡니다.
다섯째, 인상 깊고 감명받은 일도 빼 놓지 않습니다.
여섯째, 여행지의 특색·풍습·기후·특산물·사적 등을 적어 두기도 합니다.

예문

서울 랜드

11월 14일 일요일, 맑음
4학년 박혜림

짜자잔! 영어 학원에서 서울 랜드에 가는 날이었다. 아침부터 설레는 마음으로 학원에 갔다. 거기에는 글짓기 학원에 다니는 선영이 언니도 왔다. 10시에 서울 랜드로 향했다. 고속 도로를 달리면서 우리는 신이 나서 노래도 불렀다. 드디어 서울 랜드에 도착을 하였다. 우리를 가르치시는 선생님께서 자유 이용권을 주시며 주의 사항을 설명하셨다.

"1학년, 2학년, 3학년은 자유 이용권이 있어도 이 든든한 선생님들과 함께 다니고 4학년, 5학년, 6학년은 1시까지 놀다가 블랙홀 2000으로 모여라! 알겠나?"

"네!"

우리는 우렁찬 목소리로 대답하였다. 나는 선영·주현·혜진 언니와 블랙홀 2000을 탔다. 하지만 선영이 언니는 무섭다고 밑으로 내려가 있었다.

"언니! 타 봐!"

"싫어! 무서워!"

할 수 없이 혜진 언니와 나와 주현 언니만 탔다. 무섭기도 하지만 재미도 있었다. 그리고 발을 다른 데로 옮겼다.

혜진 언니랑 나랑 월드컵 2002년을 탈 때 선영이 언니와 주현이 언니는 입체관에 갔기 때문에 우린 만나지 못했다. 하지만 우리는 다른 것도 타기 위해 꿈의 천국으로 가서 다람쥐 통으로 갔다. 거기에서 어떤 언니가 몸을 잘 가누지 못하고 내려 그 옆에 탄 언니들이 도와 주었다. 이제 우리 차례가 되었다. 우리는 다람쥐 2번에 탔다. 혜진 언니가 이렇게 말을 하였다.

"다람쥐 통은 2번이 잘 굴러가."

기계가 작동하기 시작하였다. 너무 어지러웠다. 기계가 멈추었을 때 안전요원 오빠들이 벨트를 풀어 주었다. 너무나도 어지러웠다. 점심을 먹고 난 다음 썰매장으로 갔다. 사람이 너무 많았다. 그래서 한 번밖에 타지 못했다. 놀이 공원에서 네 시 삼십 분까지 모이라고 하여 우리는 귀신 동

굴로 들어갔다. 사람이 너무 많아서 삼십 분이나 기다려야 했다. 귀신 소굴의 엘리베이터를 탔는데 조금 오싹하였다. 우리는 지옥이 어떤 덴가 조금 알 수 있었다.

　네 시 삼십 분이 되어 모인 우리는 선생님과 함께 입체 영상관으로 들어가서 우주 여행을 실컷 하였다. 나와 보니 벌써 저녁이 다 되었다.

　오늘처럼 재미있는 날은 없었다. 추억으로 남을 것이다.

예문

북한이 눈앞에

11월 21일 일요일, 추운 가운데 맑음
5학년 김호정

보이 스카우트에서 땅굴 답사를 갔다. 걸 스카우트는 지난번에 가고 이번에는 우리 차례이다.

땅굴은 처음 가 보는 것이다. 북한 땅도 처음 보러 가는 것이다. 기대가 아주 컸다.

버스는 한강을 지나 파주까지 쉬지 않고 달렸다.

자유의 다리를 건넜다. 임진강은 유유히 흐르고 있었다. 그 물만이 남북을 자유로이 오고 간다는 생각이 들어 마음이 우울했다.

먼저 도라지 전망대에 갔다. 그 곳은 산꼭대기에 있었는데, 개성시가 잘 보였다.

"비무장 지대의 폭은 4km란다."

안내를 맡은 아저씨의 설명을 들었다. 멀리서 북한 국기

가 떨럭이고 있었다. 왕건의 고향인 송악산도 다 보였다.

문득 북한 땅을 밟고 싶어졌다. 코앞에 있는데도 못 간다는 사실이 여간 안타깝지 않았다.

북한의 군사 기지들도 많이 보였다. 망원경으로 개성직할시와 APT가 보였다. 지금은 보기만 하는 저 땅을 언젠가는 밟을 수 있을 것이다. 다시 한 번 통일을 기원하였다.

멸공관에서 슬라이드를 보았다.

북한이 남한을 침공하기 위해 땅굴을 세 개씩이나 뚫었다

4. 일기의 종류 · 109

니……, 같은 민족이라도 미웠다.

땅굴에도 가 보았다. 갱도를 타고 내려갔는데, 아주 길었다. 북한까지 얼마 안 남기고 되돌아왔다.

통일이 되면 북한 사람들에게 제일 먼저 그 땅굴부터 보여 주어야겠다는 생각을 했다. 그러면 북한 사람들도 우리 남한을 이해하고 더 이상 미워하지 않을 것이다.

우리를 위해 하루도 쉬지 않는 국군 아저씨가 고맙게 느껴졌다.

8. 편지 일기

 편지 형식의 일기는 보고 싶은 사람이나 다정한 친구에게 편지처럼 쓰는 일기입니다. 편지라면 반드시 우표를 붙여서 보내야겠죠? 그러나 편지 일기는 자신의 마음 속에 있는 이야기를 편지 형식을 빌려 일기로 쓰는 것이니 굳이 부칠 필요는 없습니다.

 편지가 꼭 멀리 있는 사람에게만 쓰는 것은 아니듯 편지 일기도 가까운 사람을 대상으로 쓸 수 있습니다. 같은 교실에서 공부하는 친구, 아니면 부모님, 친척들에게도 쓸 수 있습니다.

 좋은 편지 일기를 쓰려면,

첫째, 직접 대화를 나누는 것처럼 쓰기 때문에 자연스러워야 합니다.

둘째, 편지 쓰는 형식을 인용해야 합니다.

 다음 예문을 읽고 편지 일기에 여러분도 도전해 보세요.

예문

아빠께

10월 30일 수요일, 흐림
4학년 권예림

아빠! 조금만 있으면 추운 겨울이에요. 나무들은 하나둘씩 잎을 벗겠지요. 아빠! 요즘 힘드시죠? 우리를 기르시려고 아침 아홉 시에 나가 새벽 한 시에 들어오시면서도 피곤한 기색도 없이 "잘 잤니?" 하고 안아 주시는 아빠가 좋아요. 레스토랑을 하기 시작하면서 담배도 많이 안 피우시고, 술도 별로 드시지 않아서 참 좋아요. 또, 뚱뚱하던 아빠 배가 쏙! 들어갔잖아요.

아빠! 제가 학교에서 공부를 열심히 하고 있어서 기쁘시죠? 저도 우리 가게가 잘 되면 기뻐요. 글짓기에서 최우수상도 탔다구요. 그리고 요즘에 공부를 열심히 해서 엄마, 학교 선생님, 정진학원 선생님께 칭찬을 받아요. 그렇지만 어느 때는 피아노를 잘 치지 않아 피아노 선생님께 혼나는

경우도 있고 쓰레기통을 비우지 않아 학교 선생님께 혼난 적도 있어요. 어느 때는 놀이터에서 놀다가 늦게 들어와서 엄마께 혼난 적도 있어요. 하지만 걱정 마세요. 이제는 그런 버릇을 다 고쳤거든요. 참, 어제는 왜 늦게 들어오셨어요? 저는 아빠께서 안 오셔서 피곤한 줄도 모르고 눈만 말똥말똥 뜨고 있다가 저도 모르게 깜빡 잠이 들었다구요. 얼마나 무서웠는데요. 아빠는 모르실 거예요.

아빠는 지금도 열심히 일하고 계시겠죠? 그런데 아빠께 부탁할 게 있어요. 책을 사 주시는 거요. 요즘에 바쁘신 건 알겠지만 그래도 아래층에 상가가 있으니 사 오실 수는 있잖아요. 일주일에 한 권만 사 주시면 돼요. 제가 워낙 책을 좋아하잖아요. 아빠! 이만 줄일게요. 다음에 편지 또 쓸 때까지 좀 피곤하시더라도 열심히 일하세요.

아빠의 딸 예림 올림

예 문

아빠께

11월 8일 목요일, 추운 바람
5학년 노성영

아빠! 아빠에게 처음으로 존댓말을 써 보네요. 매일매일 친구처럼 반말을 썼지만, 지금은 정중하게 써야 하겠죠?

아빠는 정말 저에게 못 해 주는 것이 없으세요. 옛날에는 인형도 많이 사 주시고 지금은 용돈도 잘 주시구요. 엄마는 아빠가 참 순수하신 것 같대요. 저랑 같이 만화를 보며 웃는 모습이 그렇답니다. 아빠! 언제나 느끼는 건데요, 전 날마다 아빠께 즐겁게 해 드리지 못하는 것 같아요. 애교도 못 부리고, 공부도 잘 하는 편이 못 되구요. 하지만 아빠, 전 미술 상장이라도 타서 기쁘게 해 드리는 것이 얼마나 기쁜지 몰라요. 최우수상을 탔을 때도, "우리 딸 최고다!"라고 하시고, 장려상을 탔을 때도, "잘 하네!" 하시며 기쁜 얼굴로 저에게 해 주시는 말씀이 전 참 좋아요. '앞으로도

상 많이 타서 언제나 기쁘게 해 드려야지'라고 다짐도 하게 되구요.

　아빠! 제가 제일 기뻤던 일이 뭔지 아세요? 바로 저번에 아빠 회사에 놀러 갔을 때, 체육관에서 농구하면서 놀던 거예요. 아빠랑 저랑 옷이 온통 땀에 젖었지만 즐거웠답니다. 엄마도 말씀하셨잖아요. 제가 원하면 농구공도 사 주시겠다고요. 그러면 아빠랑 매일 공 가지고 놀 수 있겠지요? 참! 이번 11월 말에 시험이 있어요. 이번에는 공부 열심히 해서 꼭 실망시켜 드리지 않게 노력할게요. 저번 1학기에는 좀 못 보아서 실망하셨죠? 꽤 쉬운 시험이었는데 말이에요. 그러니까 잘 보아서 꼭 기쁘게 해 드릴게요. 아빠가 언젠가 "나중에 어른이 되면 자식 공부 잘 하는 게 제일 자랑거리야. 너도 잘 해!"라고 하신 말씀을 꼭 기억할게요.

아빠의 하나밖에 없는 딸 성영 올림

예문

외할머니께

4월 19일 수요일, 맑음
4학년 김병구

외할머니 안녕하세요? 저 병구예요. 할머니는 일을 하시느라 피곤하시죠. 아빠랑 동생도 잘 지내고 있어요. 그리고 삼촌도 잘 계세요. 할머니, 저도 공부 잘 하고 있습니다.

며칠 있으면 여름 방학이 와요. 할머니께서 여름 방학 때 원두막에서 해 주던 이야기가 너무 재미있어서 아직도 자주 생각이 나요. 이번 여름 방학 때 가면 더 재미있는 이야기 해 주세요.

할머니, 저는 정말 할머니가 좋아요. 할머니가 방긋 웃는 모습이 참 좋아요. 할머니, 할아버지가 돌아가셨기 때문에 농사 짓는 게 힘드시죠? 만약 할아버지가 계시면 농사도 많이 짓고, 즐겁게 사실 텐데 말예요. 너무 서운해 하시지 마세요. 우리 아버지가 계시잖아요. 물론 저도 있구요. 아빠도 할머니 생각 많이 해요. 할머니, 몸에 좋은 것만 많이 사 드시고 건강하세요. 저도 커서 할머니를 도와 드릴 거예요. 제가 갈 때까지 건강하시고, 삼촌이 서울에서 오시면 같이 할머니 뵈러 갈게요. 안녕히 계세요.

외손자 병구 올림

9. 기타

운동 일기, 재배 일기, 육아 일기, 당번 일기, 학급 일기도 있습니다. 이러한 여러 가지 형태의 일기를 써 본다면 여러분은 자신도 모르게 일기 박사가 될 수 있을 거예요.

운 동 일 기 예 문

축구

8월 24일 토요일, 흐림
4학년 김호정

중국 북경에서 다이너스티 컵 축구 대회를 한다.
오늘은 남한과 북한의 시합이 있었다. 이긴 팀은 결승전에 진출할 수 있다. 9시 20분에 시합이 시작되었다.
같은 민족끼리 싸운다는 것이 축구를 보는 내내 내 마음을 무겁게 했다. 한편으로는 남한이 이기기를 바라면서도 다른 한편으로는 양쪽 팀 모두 이겼으면 좋겠다는 생각을

했다.

 전반전에서 남한이 1 대 0으로 앞서 가고 있었다. 후반전만 잘 지키면 우승은 가능한 일이었다. 그래도 불안했다.

 중국 대 북한 경기를 보니까 북한이 아주 잘 하던데……. 그 경기에서 북한이 중국을 2 대 1로 앞서다가 후반전 50초를 남기고 중국이 한 골을 성공시켜 비기고 말았다. 북한이 이길 수 있었는데 아쉽게 끝난 경기였다.

 오늘도 북한 팀은 잘 싸웠다. 그러나 이긴 쪽은 남한이었다. 어쩌면 북한이 골을 더 많이 넣을 수 있었을지도 모른다. 그런데 공이 자꾸만 골대를 맞고 약간 빗나가곤 한 것이 실수였다.

텔레비전을 끄면서 난 남한과 북한에 모두 박수를 쳐 주었다.

남한, 북한 모두 열심히 싸웠다.

학급 어린이 회의

6월 19일 토요일, 맑음
5학년 김호정

학급 어린이 회의가 4교시에 있었다. 하고 싶은 말을 다 털어 놓는 좋은 기회여서 이 시간만은 모든 아이들이 관심을 갖는다. 오늘도 학급회의가 잘 되길 바라며 힘차게 애국가를 불렀다.

나는 생활 목표 안건을 시험 공부로 내세웠다. 아이들은 내 의견에 거의 다 찬성이었다. 5학년이 되어서 내 의견이 처음으로 다음 주 안건이 되었다. 너무나 기뻤다.

실천 사항도 힘차게 발표하였다. 오랜 만에 학급 회의에 본격적으로 관심을 가졌다.

문제지 풀기를 내세운 아이도 있었다. 매일매일 문제집 검사를 하자는 안건도 있었으나, 별 어려운 일은 아니었다. 매일 조금씩 문제집을 배운 데까지 해 두는 것은 나의 자랑거리이다.

양남이, 상미, 그리고 내가 차례로 시험 대비에 관한 어려운 안건을 내자, 우리 반은 점점 혼란스러워졌다. 우리만 생각하고 멋대로 의견을 내니 미안하기도 했지만 반 평균을 일등으로 끌어 올리기 위해서는 이 고난을 이겨 나가야만 했다.

좋은 의견이 많아 선생님께서는 우리들을 칭찬해 주시기에 바빴다.

특히 시험 공부를 위해 예습, 복습, 교과서 읽기, 집에서 공부하기 등, 의견이 넘쳐 모두 우등생처럼 보였다.

문제는 뒤떨어지는 아이들이 따라올 수 있을까 하는 거였다. 잘 하는 아이들이 자만하지 않고 못 하는 아이들을 도와 준다면 전체에서 일등 가는 5학년 5반이 될 수 있을 것이다.

　며칠 전 반장이 글짓기로 최우수상을 타서 5학년 5반 이름을 떨쳤는데, 시험도 일등으로 하면 다시 한 번 자랑스러운 우리 반의 명예를 되살릴 수 있겠지. 용기와 기대, 그리고 포부가 생긴다.

육아일기예문

아이들을 잠재우고

1992년 10월 20일

밤 8시 경에 우유 200cc를 먹고 잠이 들었다. 아침 6시면 어김없이 깨어나 우유 180cc를 먹고 10시까지 놀다가 야쿠르트를 먹었다. 그리고는 소리없이 잠들었다. 그리고 1시 경에 깨어나 다시 우유 먹고, 잠들었다가 5시 경에 깨어나 다시 우유 먹고 놀다가 아까 잠든 것이다.

그렇게 먹고 자니까 그런지 몸무게도 많이 늘고, 키도 많이 자랐다. 이제 제법 울음 소리도 우렁차다.

두 번 똥 싸고 기저귀를 그다지 많지 않게 빼 놓고는 점잖게 만세 부르며 잠들었다.

내일 아침이 되어야 일어날 것이다.

오늘은 보행기(형이 타던 것)를 꺼내서 앉혔더니 그저 기대고 있을 뿐이었다. 성환이는 백일 무렵부터 씩씩하게 타

4. 일기의 종류 · 125

고 온 마루를 질주하던데, 성재는 영 실력이 부족한 것 같다.

성환이는 자는 시간이 별로 없고 어른들 손에서만 자란 탓에 약간 약은 편이었지만 성재는 먹고 나면 그저 자기만 해서인지 운동 신경도 조금 떨어지는 것 같다. 하긴 배가 많이 나온 것부터가 다르지만.

성재는 이상한 습관이 있다.

놀면서 혹은 졸려서 칭얼거릴 적에 손에 무언가 닿으면 그걸 꼭 얼굴에 뒤집어 쓴다. 5시 경에 일어나 울면서, 배를 덮어 주었던 수건을 얼굴에 뒤집어 쓰더니 더 요란하게 울었다. 당연히 답답하지.

누워서 한 바퀴 빙 도는 것도 수준급이다.

저녁 때 형이 안아 주니까 불편했던지 끙끙 앓는 소리를 냈다.

형은 지금 할머니 젖을 만지고 자는데 성재는 만세 부르고 잔다.

글짓기는 가나다 - 일기 -

초판 1쇄 발행 : 1999년 4월 26일
개정판 1쇄 발행 : 2015년 5월 15일

엮은이 : 한국소설대학
펴낸이 : 김종윤
펴낸곳 : 자유지성사
출판등록번호 : 제 2-1173호

서울시 종로구 종로1가 24번지 르메이에르 B동 1814호
도서 공급처 : 자유토론 / 전화 : 02) 333-9535 / 팩스 : 02) 6280-9535
E-mail : fibook@naver.com

ISBN : 978 - 89 - 7997 - 301 - 3   73810

* 잘못된 책은 구입하신 서점에서 교환해 드립니다.
* 저자와 협의에 의해 인지는 생략합니다.